Farbenfrohe Muster,

tausend Lichter,

berührend,

leere Sprühdosen,

meine Farben aufgebraucht.

Herstellung und Verlag:
BoD - Books on demand, Norderstedt
ISBN 978-3-7392-3307-9

Es gibt Dinge, die man nicht beschreiben kann

Wir spazierten durch den von der Abendsonne gedämmten Wald.
Das bunte Herbstlaub lag dicht auf dem Waldboden.
Erste Kastanien wuchsen an den Baumzweigen.
Die untergehende Sommersonne blickte uns am Horizont entgegen.
Wärmend, beruhigend, angenehm.
Ich stapfte durch die braune Erde, hatte Mühe, mich nicht vollkommen mit dem Matsch zu bekleckern, während sie fröhlich herum hüpfte und mich mit ihren strahlenden Augen anschaute.
Ihre Art zu reden, ihr ehrliches Lächeln, das waren nur ein paar der Dinge, die ich an ihr so sehr liebte.

Plötzlich blieb sie stehen, griff nach meinem Arm und zog mich an sich.
"Es gibt Dinge, die kann man nicht beschreiben", sagte sie. "Zum Beispiel meine Liebe zu dir."
Sie lächelte und sah mir noch tiefer in die Augen.
"Versuche mal, die Farbe Blau zu beschreiben", forderte sie mich dann auf.
Eigentlich hatte ich keine Lust, darüber nachzudenken, doch für sie tat ich es.
"Blau ist sanft, eine zarte Farbe...", fing ich an. "Es gibt sie in mehreren Nuancen, in mehreren Tönen. Die Nacht ist dunkelblau, das Meer ist hellblau. Siehst du, ich kann es beschreiben!"
Stolz richtete ich mich auf und streckte die Brust hervor.
Doch sie blickte enttäuscht drein und wartete auf mehr.

"Und was ist, wenn derjenige nicht weiß, wie das Meer aussieht?", fragte sie.

Genervt rollte ich mit den Augen.

"Keine Ahnung, das ist mir aber auch ziemlich egal!", schrie ich.

Dann stieß ich mich von ihr und ging.

Am nächsten Morgen klebte ein Zettel an meinem Schulspind.

"Es gibt Dinge, die kann man nicht beschreiben, zum Beispiel meine Enttäuschung!" stand darauf.

An das Leben

Du folgst mir auf Schritt und Tritt bis zu meinem Tod.
Manchmal renne ich voraus.
Doch manchmal komme ich kaum mit, laufe dir keuchend hinterher, während du immer schneller wirst.
Ich höre dir zu, aber verstehe dich oft nicht.
Du hörst mir zu, aber tust nichts gegen meine Klagen und Leiden.
Du gehst mit mir durch dick und dünn, doch verlass mich bloß nicht.
Viele Menschen kommen einfach nicht mit dir klar.
Manche denken sogar daran, dich für immer zu verlassen, Schluss mit dir zu machen.
Aber seien wir mal ehrlich, liebes Leben.

Eigentlich bist du gar nicht so schlecht.
Die schönsten Momente verbringe ich immerhin auch mit dir.
Lachen, weinen, trauern, glücklich sein, das alles erleben wir gemeinsam.
Dann merke ich, dass du nicht nur mein Gegner, sondern auch mein bester Freund bist.

Sonnenuntergang

Ich sitze am Strand.
Wassertropfen spritzen auf meine Haut.
Der Abend bricht an.
Ich genieße die Ruhe, die leisen Möwenschreie in der Ferne und das Rauschen des Meeres.
Langsam schließe ich meine Augen, öffne sie gleich darauf aber wieder.
Die Sonne verabschiedet sich mit einem rosigen Schimmer.
Ihr Licht, das in den Farben orange und gelb leuchtet, wärmt mich und erzeugt eine gemütliche Atmosphäre.
Ich stehe auf.
Der Sand gibt wohltuend unter meinen Schritten nach.
Ich setze mich in den nassen Sand und lege meine Füße ins Wasser.

Eine Meeresbrise weht mir um die Ohren.
Ich atme tief ein und aus.
Die salzige Luft vermischt sich mit dem Geruch von Sonnencreme und Algen.
Ich lege meine Hände ins Wasser.
Langsam tauche ich immer mehr hinein, sodass ich am Ende im Meer stehe.
Von da aus schaue ich mir die prachtvolle untergehende Sonne an.
Die Harmonie zwischen ihr und dem Meer ist einfach traumhaft.
Ich verweile im Takt der leichten Wellen.
Die Sonne wärmt mich, so wird mir im Ozeanwasser nicht kalt.
Nach einer Weile vergeht auch der letzte Sonnenschein und die Dunkelheit zieht über die unendliche Weite.
Ich packe meine Sachen, schenke dem Meer einen letzten Gruß und verlasse den Strand mit einer neuen Kraft.

Christmas Feeling

Es ist der 24 Dezember.
Heute ist Heilig Abend.
Ich laufe durch die beleuchteten Straßen.
Der Wind weht eisig, ich kann es spüren.
Ich puste Atemwölkchen in die Luft.
Meine Schuhe treten tief in den Schnee.
Beinahe falle ich um.
Kichernd spaziere ich weiter.
Siehe da, eine Schneeeule fliegt an mir vorbei, setzt sich auf den Boden.
Ihre Federn verschmelzen mit dem kristallklaren Weiß des Schnees.
Ich stapfe weiter durch die wunderschöne Winterlandschaft.
Unter mir fängt es an zu knirschen.
Der Schnee glitzert, als bestehe er aus Tausenden von Kristallen und Diamanten.
Der Wind verstärkt sich.

Mir frieren fast die Ohren ab.
Mein Gesicht ist taub.
Ich sehe, dass sich meine Nase rot gefärbt hat.
Wie aus dem Nichts kommt eine Gruppe aus Kindern und Eltern vorbei.
"Rudolph, the red nosed Reindeer, had a very shiny nose...", fangen sie an zu singen.
Ich stimme fröhlich mit ein.
"Fröhliche Weihnachten!", rufen plötzlich alle Kinder.
Ein Mädchen kommt zu mir.
Sie hält etwas in den Händen.
"Alles Gute für dich. Wir wünschen dir ein tolles Weihnachtsfest", sagt sie und übergibt mir - einen Schokoweihnachtsmann.
"Danke schön, euch allen wünsche ich auch ein schönes Fest. Merry Christmas",

antworte ich gerührt.

Als die Gruppe strahlend weitergeht, kommen mir kleine Tränen.

Ich betrachte den süßen Weihnachtsmann.

Das ist das Schöne an Weihnachten.

Alle Geschenke kommen von Herzen.

Ich wische mir schnell die Tränen weg und schaue auf die Uhr.

Es ist schon spät.

Jetzt aber schleunigst nach Hause, die Gäste kommen ja bald.

Ein letztes Mal genieße ich die frische Luft, die fröhlichen Leute, die beleuchteten Tannenbäume und die schöne Landschaft.

Wie im Märchen, so bezaubernd sieht hier alles aus.

Dann renne ich nach Hause.

Wie gerne ich noch etwas länger draußen geblieben wäre.

Aber auf das leckere Essen und die Gäste freue ich mich jetzt auch.

Du kennst mich nicht

Du kennst mich nicht.
Das merke ich.

Du meinst, du kennst mich gut.
Aber das tust du nicht.
Du kennst mich nur so, wie alle anderen mich kennen.

Du kennst mich nicht und das weiß ich genau.
Du behauptest es nur.

Du sagst, ich bin normal und unscheinbar.
Aber definiere es.
Das kannst du nicht, denn du kennst mich nicht.

Ich bin energisch,
stark,
treu,
gutmütig.
Aber das siehst du nicht, denn du kennst mich nicht.
Du kennst mich nur so, wie alle anderen es tun.

Der Einzige, der mich gut kennt, bin ich und das weißt du nicht, denn du kennst mich nicht.
Du behauptest es nur.

Grünes Paradies Regenwald

Ich setze mich an die Klippe des großen, ein Kilometer hohen Berges.
Vorsichtig rutsche ich immer mehr auf den Rand zu bis meine Beine am Abgrund baumeln.
Ich rieche diese frische, schwüle Luft.
Entspannt lausche ich den Klängen des Tropischen Waldes.
Ein wunderschöner, bunter Papagei fliegt durch die Bananenbäume.
Kleine Kapuzineraffen mit großen Augen springen von einem Baum zum anderen, schwingen mit Lianen durch die Luft und geben komische Laute.
Ich muss kichern, als einer auf meinem Kopf landet, anfängt an meinen Haaren zu zupfen und verwirrt auf mich runter blickt.
Dann taste ich mich langsam mit dem

Affen auf dem Kopf an meinen kleinen Rucksack heran, öffne die Vordertasche und hole ein paar Beeren heraus, die ich an die niedlichen Tiere verteile.

Fröhlich bedient sich jedes Äffchen und verschwindet im tropischen Gewächs.

Nun bin ich allein, spitze die Ohren und entspanne mich.

Ein mächtiger Wasserfall plätschert.

Obwohl ich meterweit entfernt bin, bekomme ich Wassertropfen ab.

Ich kann immer noch nicht fassen, dass ich den Victoria Falls gegenüber sitze.

Natürlich im sicheren Abstand, doch trotzdem kommen sie mir so unglaublich nah vor.

Unmengen von Wasser fallen auf die reinen Steine, perlen ab und fallen auf die nächsten großen Steine.

Dieses Naturschauspiel ist so wundervoll!

Ich könnte es mir den ganzen Tag lang ansehen.
Diese Bäume, Gewächse, Pflanzen, alles strahlt in einem saftigen Grün mit bunten Farben der Blüten und Tierarten.
Ein grünes, großes Paradies mit erfrischenden Wasserfällen und Flüssen.
Der Wind weht mir um die Ohren, er ist nicht zu warm, aber auch nicht zu kalt.
Vorsichtig stehe ich auf und breite die Arme aus.
Mein ganzer Körper ist bedeckt von Gänsehaut.
Dieses Gefühl ist einfach so atemberaubend, dass man es nicht beschreiben kann.
Ich bin frei, jung und kann alles machen, was ich will.
So ein Gefühl hatte ich noch nie.
Endlich verstehe ich, was wahres Leben

bedeutet.
Freiheit, Mut, Lebenswillen.
Es kribbelt überall.
Ich blicke mich nochmal genau um.
Die Sonne scheint, der Himmel ist hellblau, kein gewöhnlicher Tag in einem Regenwald.
Um mich herum ist alles grün, kleine Tiere klettern auf den Bäumen, schauen mich an.
Saftige Früchte wachsen an den Zweigen.
Mango, Ananas, Papaya, Avocado (Avocados sind Früchte!) und noch vieles mehr...
Langsam packe ich meinen Rucksack, beiße in meine Kiwi und mach mich auf den Weg zurück ins Praktikumslager.

New York

Pulsierende Stadt
dunkel
Mondschein
schwarzer Nachthimmel
leuchtend gelbe Sterne
Geschäfte schließen
tausend Schritte
Menschenmassen
mit Einkaufstaschen

New York
die Stadt, die niemals schläft
alles ist möglich

Shoppingstreets and Bakeries,
Freiheitsstatue
Empire State Building
atemberaubende Skyline

Atme ein
atme aus
weitergehen

Ein Flugzeug fliegt vorbei
und landet auf dem Flughafen
- noch mehr Menschen

Ich stehe am großen Fenster
mit einer Cola in der Hand,
habe eine wundervolle Aussicht.
mein Appartement,
das ich liebe.

Tag und Nacht,
Nacht und Tag,
immer hellwach,
New York
die Stadt, die niemals schläft

Ungeduld

Ungeduldig,
so bin ich,
möchte es schaffen,
will alles schneller machen.
Zeit ist Geld,
so denke ich.
Ungeduldig,
so bin ich.
Schneller, schneller,
keine Pause,
einatmen und ausatmen,
das spare ich mir,
falls ich es später nochmal brauche.
Will voraus rennen,
dadurch liege ich hinten.
Schwimme gegen den Strom,
versuche, nicht zu sinken.
Ungeduldig,

so bin ich,

zappele herum,

bleibe nicht stehen,

um voran zu kommen,

dadurch liege ich hinten.

Ungeduldig,

so bin ich,

möchte mir was beweisen,

schaffe es aber nicht.

Deshalb renne ich voraus,

liege dadurch hinten.

Versuche hastig was zu machen,

Großes zu schaffen.

Bekomme es aber nicht hin,

probiere es nochmal.

Während ich es hastig weiter versuche,

sind die Anderen mir voraus.

Tausend Lichter

1000 Lichter

500 Sterne

100 Jahre

50 Luftballons

2 Menschen

Du und ich

Und unendlich viele Möglichkeiten

1000 Lichter

500 Sterne

100 Jahre

50 Luftballons

2 Menschen

Du und ich

Wir beide

Auf ewig

beste Freunde

Liebeskummer

Die Sonne scheint,
ein schöner Tag.
Aber nicht für mich!

Tränen fließen über meine Wangen,
die Wimperntusche verschmiert unter
meinen Augen,
der Schmerz sticht immer noch so hart,
wie ganz am Anfang.

Verwirrt,
zerstört,
sehe ich dich an,
verstehe nicht,
wie ich nochmal zu dir kommen konnte,
was ich mir dabei gedacht habe,
warum ich dich so toll fand.

Und du?
Du machst dir nichts daraus.
Mein gebrochenes Herz,
der Schmerz,
die Erinnerungen
lässt du hinter dir,
fängst neu an,
aber kannst nicht verstehen,
warum ich dies noch nicht kann.

Die Sonne scheint,
ein schöner Tag,
aber nicht für mich
und das hoffe ich auch für dich.

Verbunden

Fühle mich allein,
vermisse dich so sehr,
wie sollte es anders sein?

Aber irgendwie weiß ich auch,
dass du in meiner Nähe bist,
nicht auf dem Mond,
auf keinem der vielen Sterne,
sondern verbunden mit mir
auf dem Planeten Erde.

Du bist ganz weit weg von mir,
ich bin ganz weit weg von dir
aber irgendwie sind wir
verbunden.

Mehr

Du willst mehr,
viel mehr,
willst perfekt sein,
meinst,
andere wären besser dran.

Du willst mehr,
viel mehr,
klagst und zweifelst an dir herum,
doch dies ist richtig dumm,
denn du hast schon so viel
und du brauchst nicht mehr.

Du willst mehr,
viel mehr,
merkst nicht,
wie viel du schon hast.

Versuche es dir zu erklären,
dir zu bescheren
meine Aufmerksamkeit,
obwohl du schon so viel davon hast,
doch du willst mehr,
viel mehr.

Mit Worten möchte ich dir mitteilen,
wie perfekt du bist,
weil du
du selbst bist
und wie viele dich deswegen gern haben,
doch du glaubst mir nicht,
murmelst stur vor dich hin,
zweifelst an dir.
Du willst mehr,
viel mehr,
von alldem,
was du schon ausreichend besitzt.

Und wir wollen es dir geben,
du musst dich nicht schlecht fühlen,
aber du glaubst uns nicht,
willst mehr,
viel mehr.

Stattdessen gehst du einfach weg,
und wirst weiterhin von allen umarmt,
angesprochen
und gern gehabt.

Aber dein Glück fliegt an dir vorbei,
denn du willst weiterhin mehr,
viel mehr.

Sinne

Rosarot
durch eine Brille geschaut

Zitronengelb
schmecke ich, wenn mich der Sommer
begrüßt.

Meerblau,
fühle ich, wenn ich mich auf mein
Himmelbett niederlasse.

Paradiesgrün,
höre ich, wenn frisches Gras wächst.

Kaffeebraun,
rieche ich, wenn ich frischen Kaffee in
meine Tasse gieße.

Bittersüß

Bittersüße Schokolade
mit Sternensplittern
und weißer Sahne

So mag ich es am liebsten,
bittersweet
mit Liebe zubereitet.

Bittersüße Schokolade
mit Sternensplittern
und weißer Sahne

So trinke ich es am liebsten
am Morgentisch
bei Sonnenschein
auf Balkonien
- dieser Moment ist mein.

Ein Tag im Mai

Entspannt schlendere ich durch den Wald,
kicke eine Kieselstein vor mich hin.
Heute ist einer dieser Tage,
die ich so unglaublich gern habe.

Die gelbe Morgensonne scheint zwischen
den saftig grünen Baumkronen hindurch,
die Vögel zwitschern Lieder
und der Wind weht mir angenehm kühl ins Gesicht.

Dies ist einer dieser Tage,
an denen ich mich frage,
wieso ich oft an mir zweifele,
warum ich besser werden will.

Man sollte glücklich mit sich selbst sein
und seine Gedanken und Gefühle
akzeptieren,
sich nicht einschüchtern lassen,
sondern selbstsicher weiterspazieren.

Sommerzeit

Sommerzeit
Ich nasche von der frischen, roten Wassermelone.
Sommerzeit
Ich creme mich mit einem nach Mango riechenden Sonnenschutz ein.
Sommerzeit
Ich setze mir meine Sonnenbrille auf.
Sommerzeit
Ich greife in meinen Tutti – Fruity - Shopper, hole meinen MP3- Player heraus und stöpsele mir die kleinen Kopfhörer in die Ohren.
Sommerzeit
Ich lege mich auf mein Ananas- Handtuch und genieße die Mittagssonne.
Sommerzeit
Das Meerwasser spritzt auf meine Füße.

Sommerzeit

Ich nehme einen großen Schluck meiner pinken Limonade.

Sommerzeit

Meine Hündin Bora tollt herum, hüpft, bellt vor Freude und spielt abwechselnd mit Sand und Wasser.

Sommerzeit

Ich stecke eine weiße Blume, die ich auf dem Weg zum Strand gepflückt habe, in mein Haar und schließe die Augen.

Nirgends wäre ich jetzt lieber.

Sommerzeit

bitte bleib

für immer

Gedankenwelt

Ich träume mich weg
in meine Gedankenwelt.
Nehme Stift und Papier zu Hand.
Schreibe Dinge auf, die mir in den Kopf
kommen
ohne Grund,
sonne mich in meinen Gedanken.
lasse mich treiben.

Singe ganz schief,
mal hoch
und mal tief,
mal leise
und mal laut.
Drehe mich,
flippe total aus,
schließe die Augen
und finde mich wieder auf der Couch.

Smile

Graue Wolken,
trübe Tage,
schwarzgraudunkle Lage
und dazu noch ganz viel Klage?

Smile a little bit more
und du wirst sehen,
es wird dir gleich viel besser gehen!

Blättersturm

Ich schließe meine Augen,
nun können sie mir nichts mehr taugen.
Lasse los,
schalte total ab,
treibe,
schwebe.

Blätter Fliegen um mich herum,
rote, gelbe, orangene, goldene,
umkreisen meinen Kopf,
wirbeln Luft auf.

Langsam schwebe ich wirklich ab,
keinen Boden mehr unter den Füßen,
werde von den Blättern getragen,
in Obhut des Blättersturms.

„Echtes" Leben

Mal ehrlich,
diese Spaziergänge sind doch echt
dämlich.

Man läuft die ganze Zeit herum,
ohne Ziel
und
ohne Grund.

Stattdessen könnte man sich aufs Sofa
legen
und etwas fürs "echte" Leben tun.

Im Internet abhängen,
Zeitschriften durchblättern,
Kommentare checken
und mit Freunden chatten.

Das am besten

tagein,

tagaus,

morgens,

mittags,

abends,

nachts,

rund um die Uhr

und dann beim Aufstehen:

„Au, alles tut weh!"

Sie

SIE,
ja, nur sie,
hat es geschafft,
hat bestanden,
ist weiter gegangen,
hat niemals aufgehört
zu glauben,
zu träumen,
zu lieben,
zu siegen,
zu verlieren,
zu verdienen,
zu bedienen,
zu versäumen,
zu verlassen,
zu genießen,
zu wissen,
zu missen,

zu schreiben,

zu malen,

zu haben,

zu müssen,

zu sollen,

zu fragen,

zu antworten,

zu denken,

zu lenken,

zu geben,

zu nehmen,

zu können

und vor allem

zu leben!

Er

ER,
ja er,
hat sich verändert,
sich gebessert,
nicht verschlechtert,
doch irgendwie glaubt ihm niemand.

Er
hat seine bösen Taten hinter sich
gelassen,
ein neues Leben angefangen,
doch irgendwie glaubt ihm niemand.

Er
ist rausgegangen,
hat es laut gebrüllt,
er habe sich verändert,
doch irgendwie glaubt ihm niemand.

Er
hat Gutes getan,
hat geholfen,
sein altes Leben vergessen,
ein neues begonnen
und plötzlich glaubt ihm jeder.

Es

ES,
es ist alles,
oder vielleicht doch nichts?
Es kann dich verzaubern,
oder doch verhexen?
Es kann dich mögen,
oder dich doch hassen?
Es kann dir verzeihen,
oder dich doch auf ewig verlassen?

ES,
es ist alles
und nichts.
Es steht zu dir,
oder nicht?

ES

ist nicht die Luft,

ist nicht der Wind,

ist nicht das Leben,

ist auch nicht alles,

aber auch nicht nichts.

Gedichte ohne Dichte

Worte

ohne

Orte

sind wie

Zeilen

ohne

Eilen

sind wie ein

Buch

ohne

Staben

ist wie

Geschichten

ohne

Schichten

sind wie

Gedichte

ohne

Dichte

sind wie

Gedanken

ohne

Danken

sind wie

Alles

ohne Nichts,

wie

Rosen

ohne Dornen.

Neu

Neu ist gut,
Neu ist besser
als Alt.

Doch manchmal,
manchmal muss es kein Neu geben,
kann alles so bleiben,
wie es ist und wie es immer war.

Veränderungen sind spannend und
aufregend,
aber manchmal braucht man sie nicht.
Manchmal will man einfach im guten Alten
bleiben,
nichts Neues machen,
einfach nur alles so lassen,
wie es ist und wie es immer war.

Denn nicht immer ist Neu gut,
manchmal ist es schlimmer
als Alt.
Und dann ist Alt wiederum das Beste,
denn schlimmer geht es immer.

Wasser

Wasser,
es tut gut,
ich spüre es auf meiner Haut,
erfrischend,
durchsichtig.

Es ist als würde ich schweben,
leicht wie eine Feder,
beruhigend,
sanft
und doch so stark.

Eine Welle,
mal ruhig,
mal stürmisch,
immer unruhiger.

Ich werde mitgerissen,
viele Wellen,
groß,
mächtig,
zerstörend,
beißend.

Ich kann mich nicht mehr halten,
klammere am Rand,
so unterschätzt hab ich das Wasser,
so unterschätzt hab ich die Wellen.

Jetzt spüre ich nur noch das Aufprallen meiner Arme und Beine,
das Aufstoßen der gefräßigen Wellen an der Bucht.

Ich lasse los,
kann nicht mehr,
in der Hoffnung, nicht zu ertrinken.

Ich sehe nur noch schwarz,
spüre nichts mehr,
schließe die Augen,
nur noch Wasser um mich herum,
die Wellen treiben mich an den Strand,
holen mich dann aber wieder zurück ins Meer.

Überall Wasser,
oben,
unten,
links,
rechts,
bekomme keine Luft,
versuche zu schwimmen,
mich zu orientieren,
bin gefangen,
in einem Kasten aus Glas,
gefüllt mit Wasser.

Langsam öffne ich die Augen,
sehe wieder etwas,
spüre den Sand an meinen Armen und Beinen,
bin wieder am Strand,
das Meer - wird ruhiger.

Erde

Den Erdboden unter mir,
welcher rüttelt und schüttelt,
welcher bebt und lebt.

Mit einem Schulbuch über dem Kopf,
so schütze ich mich vor den Brocken
Erde,
welche vom Hügel runter rollen,
als wären sie eine Horde Pferde.

Ich halte mich fest,
meine beste Freundin im Arm,
habe Angst,
was nun passieren kann.

Mächtige, große Steine fallen,
die Erde grölt,
ist wütend auf uns,
dass wir sie so vermüllen.

Nach einer Weile hört sie auf,
beruhigt sich,
wird besänftigt,
vom Glauben, die Menschen hätten
darüber nachgedacht,
doch dies haben sie noch lange nicht.

Die Erde,
gewaltig,
stark,
zerstörend,
und doch so
schön,
friedlich,
gut.

Luft

Atmen,
einatmen,
ausatmen,
Luft.

Ich tanze hin und her,
laufe,
renne weg,
die Luft folgt mir immer.

Luftig,
rein,
frisch,
ich spüre das Leben,
fühle mich frei,
würde am liebsten abspringen
und davon fliegen.

Drehe mich,
erzeuge einen Luftzug,
wirbele herum,
für den einen nichts,
für mich ein Tornado,
stark,
unzerstörbar,
herrlich mächtig.

Feuer

Das Feuer entfacht.
Ich höre das Knistern des Eichenholzes.
Knirsch, knirsch, knirsch...
Das Feuer wird größer, stärker, mächtiger.
Hypnotisiert starre ich hinein.
Die ausströmende Wärme durchfließt
meinen Körper mit neuer Kraft.
Die Situation wirkt sehr beruhigend auf
mich.
Mein Blick lässt nicht los, alles um mich
herum wird dunkel.
Nur ich und die Flammen.
Ich taste mich näher heran und knie mich
hin.
In der Mitte der Flamme leuchtet ein
helles Gelb, das mit einem kräftigen
Orange verschmilzt.
Funken sprühen.

Sie tanzen hoch, drehen sich, als wären es kleine Balletttänzerinnen, die fröhlich umherfliegen.

Ich spüre eine starke Windböe an mir vorbei ziehen.

Das Feuer scheint den Wind nicht zu mögen.

Es tobt, flackert wie wild.

Die kleinen Funken verwandeln sich in gefährlich dreinblickende Dämonen.

Sie schauen gefräßig.

Ich zucke zusammen, starre aber weiterhin ins Feuer.

Langsam steigen die Flammen immer höher.

Ich schaue mit großen Augen zu, fange vor Angst an den Funken auszuweichen.

Das Feuer wächst und wächst.

Schnell stehe ich auf.

Was passiert hier?

Was soll ich machen?

Haushoch stehen die Flammen nun.

Schweiß läuft mir übers Gesicht und tropft herunter.

Ich nehme all meinen Mut zusammen, atme tief ein und puste all die Luft aus meinen Lungen.

Zisch...

Das Feuer erlischt.

"Anastasia?", höre ich die Stimme meiner Mutter. "Warum holst du so viel Luft, um ein angezündetes Streichholz auszupusten?"

Nimmerland

Nimm mich mit ins Nimmerland,
das ich als Kind so toll fand,
laufe mit mir Hand in Hand,
wie am seid´nen Band

Lass mich mit dir fliegen,
ich verspreche,
ich werde es lieben.

Grüß von mir den Peter Pan,
und seinen gutmüt´gen Clan,
führe mich zurück in die reale Welt,
wo es mir trotzdem am besten gefällt.

Wenn

Wenn du weiterhin so schlechte Noten haben wirst, dann...
Wenn du weiterhin so viele Ängste haben wirst, dann...

Das hört man ja so oft,
trotzdem muss es nicht stimmen,
lass dich nicht beirren
vom Unwissenheitskopf.

Denn du kannst alles sein,
du kannst alles machen,
darüber kannst du dich freuen,
denn du kannst alles schaffen.

Lass dich nicht beirren,
höre nicht mehr länger zu,
denn den einzig richtigen Weg,
den kennst nur du.

Dem kannst nur du folgen,
der ist nur für dich gemacht,
das haben mir aber immer nur wenige
gesagt.

Doch es stimmt,
tue was dir gefällt,
führe dich auf deinen Wegen
ohne viel zu überlegen,
denn dein Herz allein wird dich begleiten
und die Gedanken musst du meiden,
zu sehr wurden sie schon manipuliert.

Buntes Graffiti

Ich spray an diese Wand buntes Graffiti,
denn nur dieses bedeckt die grauen,
verdreckten Mauerreste.

Diese Zeit war nicht die Beste,
doch sie ist vorbei.
Leben ist fürs Leben
und dieses ist frei.

Mauern sind Gesichter,
geprägt von Augenblicken.
Von solchen, die wie Bomben ticken,
explodieren
und vorbei gehen.

Farbenfrohe Muster,
tausend Lichter,
berührend,
leere Sprühdosen,
meine Farben aufgebraucht.

Sie schmücken jetzt die Mauer,
vorher trostlos und verletzt,
nun stark, in neue Lebensfreude versetzt.

Umdrehungen

Ich drehe mich im Kreis,
möchte etwas erleben,
werde geplagt von Fernweh,
aber irgendwie möchte ich auch nicht weg,
denn es geht mir gut,
aber es könnte mir noch besser gehen,
warum soll die Chance vergehen,
ich will doch nur etwas Neues sehen.

Ich möchte weg in die ferne Welt,
aber fühle mich nur zu Hause geborgen,
um nichts zu riskieren,
bleibe ich also hier,
in meinem Zuhause ohne weitere Sorgen.

Und so drehe ich mich im Kreis,
kenne jede Ecke,

jede Kante,
und jede Seite
meiner vier Wände.

Ich fühle mich aber nicht vollständig,
ständig plagen mich die Gedanken,
ich könnte viel mehr tun
und würde meine Chance nur verpassen.

Deswegen drehe ich ich im Kreis,
bleibe dabei nicht stehen
und hoffe,
dass ich werde bald was Neues im Kreis sehen.

Doch dieser bleibt gleich,
keinen Millimeter habe ich mich bewegt
und solange ich mir einrede,
der Kreis sei gut und ich wäre geborgen,
plagen mich Träume und Schwärmereien,

von fremden Orten,
von neuen Ereignissen und Abenteuern.

„Das sind doch nur Träume,
die Realität läuft anders,
hier bin ich am rechten Fleck,
hier komme ich nicht weg,
denn das ist der Alltag
und so soll er auch sein.
Am selben Ort,
am selben Platz."

Und so drehe ich mich im Kreis,
unendlich lang.
Fühle mich gefangen
und das bin ich ja auch.
Das Einzige,
was mich hier hält,
ist,
dass ich hier bin geborgen,

mir nichts passieren kann,
ich nichts riskieren will,
in meinem Leben ohne Sorgen.

Jehanne Worch
Gedanken

Man sagt mir oft, ich solle mehr machen,

auf die Straße gehen, feiern und lachen,

das Leben nehmen, wie es ist, Gefühle zeigen

und manchmal einfach denken: »Mist«.

Einfach Dinge tun, die ich sonst nicht tun würde,

einfach Sachen sagen, die ich sonst nicht sagen würde,

weil es für mich zu schwer ist, die Worte zu sagen,

nach gegenseitigen Gefühlen zu fragen.

Aber dann muss ich doch merken, dass es zu schwierig für mich ist,

dass ich nicht locker genug bin,

dass mich das einfache, langweilige Leben vermisst.

In das ich mich zurückziehen kann,

in dem ich mich in Sicherheit wiegen kann.

Vielleicht in Sicherheit vor mir selbst,

denn dann kann ich auch mal die Gefühle wegsperren,
etwas anderes tun.

Dann kann ich mich von außen sehen, jemand anders sein,

im Theater eine Rolle spielen, die viel besser ist, als ich,

viel mehr kann, als ich

und wenn es nur hieße, Gefühle zu zeigen, ob gut oder schlecht.

Und dann kreisen die Gedanken wieder in meinem Kopf.

Reisen durch mein Gehirn und machen mich irre.

Gedanken.

Gedanken einfach über alles.

Minuten sind vorbei.

In meinem Kopf nur Gedankenbrei,

der sich vermischt, Neues formt, es verwirft.

Man sagt mir oft, ich solle mehr machen,

auf die Straße gehen, feiern und lachen.

Aber ich würde doch merken, dass mich mein einfaches, langweiliges Leben vermisst,

über das ich so viel nachdenke.
Und ich sage mir, vielleicht ist es doch ganz schön,

vielleicht ist mein Leben doch nicht so

öde, wie es scheint.

Ich könnte meinen, wenn es nicht so wäre, hätte ich es vermisst,

einfach, weil es meines ist.

Lisanne Windeln
Eine Mädchenfreundschaft

Du bist wie ich –

Du bist mein Spiegelbild und Du siehst Dich in mir –

Dennoch bist Du mir häufig entrückt –

Zu hoch schwebst Du als Ideal über mir –

Sind wir uns doch nicht so ähnlich wie gedacht? –

Bin ich Deiner Freundschaft unwürdig? –

Aber dann fällt mir auf, dass auch Du Deine negativen Seiten hast –

Dann sinkst Du nieder und schwebst nun unter mir –

Und dafür, ja, dafür hasse ich Dich.

Fanny Schmidt
Hinten: Früher Vorne: Jetzt

Ich werfe einen Blick zurück über die Schulter, obwohl ich mir geschworen habe, es nicht zu tun. Nicht zurückschauen, nur nach vorn, und nicht an den ganzen Weg denken, der vor mir liegt.
An den nächsten Schritt.
Nur an den Nächsten.
Meine Fußspuren im Schnee, sie sind dunkle Vertiefungen im reinen, kristallinen Weiß, die sich immer weiter nach hinten ziehen, bis zu dem großen, klobigen Gebäude, das allmählich in der Dunkelheit hinter mir verschwimmt. Es kommt mir unwirklich vor, dass ich das alles hier nun verlassen werde – alles, was bis vor kurzem mein Leben war. Doch – ich kann

mich nicht mehr genau daran erinnern wann – es ist irgendetwas zerbrochen.
Es war nicht von einem Tag auf den anderen einfach anders. Schleichend war diese Veränderung. Ich habe sie gespürt, in Blicken, in Berührungen.
Was passiert ist, kann ich noch immer nicht begreifen. Vielleicht muss ich erst Gras darüber wachsen lassen, die Dinge mit Abstand später noch einmal betrachten.
Abstand nehmen, so hat es meine Mutter genannt. Früher, als alles noch richtig war. Bevor alles verwirrend, dunkel, undurchschaubar wurde.
Es ist, als zögen meine Fußspuren eine klare Linie zwischen meinem alten Leben und dem, was nun kommt. Kommt überhaupt noch etwas? Der Weg vor mit liegt in Finsternis und hinter mir liegen nur

Trümmer dessen, was mein Alltag war.
Es schneit wieder. Noch immer stehe ich nur da und starre auf meine Fußspuren. Tränen auf meinem Gesicht. Widerwillig wische ich sie weg.
Nicht sentimental werden jetzt, denke ich, das ist deine Entscheidung. Also steh zu ihr.
So habe ich das immer gemacht. Zu meinen Entscheidungen gestanden. Ob das eine gute oder eine schlechte Eigenschaft ist? Woher soll ich das wissen? Hab eigentlich nie drüber nachgedacht. Kann ich ja jetzt machen. So muss ich wenigstens nicht an diesen hässlichen Spalt zwischen früher und heute denken.
Ist es falsch, sich vor der Vergangenheit zu verschließen?
Noch so etwas, das ich nicht weiß.

Steh zu deiner Entscheidung. Also gut.
Mit einer trotzigen Bewegung streiche ich
mir das Haar aus dem Gesicht, drehe
mich endgültig um und setze meinen Weg
fort. Den Weg ins Ungewisse.
Kehre dem Früher den Rücken.
Nehme Abstand.
Stehe zu meiner Entscheidung.

Carina Raedlein

Was soll aus dir werden?

So Lange ich denken kann,
höre ich diese Frage.
Manchmal ist es völlig egal,
was ich darauf sage.

Ich weiß nicht,
was oder wer ich sein kann.
Doch für mich kommt es darauf,
gar nicht so an.

Gesundheit, Glück,
Liebe und Geld.
Nenn mir doch jemand,
dem das nicht gefällt.

Was soll aus dir werden?
Die Frage dreht sich in meinem Kopf.

Was soll aus dir werden?
Gibt es dafür einen Knopf?
Was soll aus dir werden?
Ich wage mich heran.
Was soll aus dir werden?
Wer weiß was ich kann.

Ich bin gespannt auf mein Leben,
und den Weg hier auf Erden.
Irgendwann werde ich sagen,
Das soll aus mir werden!

Christin Mai
Im freien Fall

In dem Moment falle ich. Es ist kein normales hinfallen, sich das Knie aufschürfen, Hose abklopfen und wieder aufrichten. Nein, es ist anders. Seltsam und vertraut, aber auch unheimlich und angsteinflößend.

Es gibt keinen Auslöser, nichts was es aufhalten oder stoppen könnte. Gerade eben war ich noch normal und meine Welt in Ordnung, doch schon eine Sekunde später ist es vorbei. Derselbe Ort, dieselbe Stelle, eine völlig andere Person. Niemand hat mich gewarnt, mir zugerufen, ich solle mich ducken oder diesem Gefühl eine reinhauen, damit es sich wieder in mein Innerstes verkriechen kann. Es ist einfach da und reißt mich auf, greift nach meinem Herzen und zerquetscht es zwischen seinen Fingern. Lautes Lachen dröhnt durch meinen Körper, lässt mich aufstöhnen und zittern, wie ein kleines Kind. Böses, fieses Kichern, das sich in meine Ohren legt.

Ich blicke hinauf zu den Baumkronen, sehe das helle Licht durch sie hindurch fallen. Die Sonne strahlt, versprüht ihre Wärme, sprenkelt meine Seele mit Hoffnung. Es ist, als würde sie auf mir tanzen, mich anlächeln und mir zuflüstern, ich solle nicht traurig sein. Erschöpft schließe ich die Augen, versuche den tosenden Gefühlssturm in mir zu bändigen.

„Warum ich?", schreie ich verzweifelt und warte auf eine Antwort.

Aber es ist still. So unheimlich still.

Und dann falle ich doch. Nicht mit einem Schrei, der durch den strahlenden Tag bricht, um ihm seine Schönheit zu rauben. Ich falle leise, atemlos, mit der Erinnerung an ein heiles Herz und einer reparierten Seele. Alles in mir ist bereit für den Aufprall und den endgültigen Bruch. Doch anstatt zu Boden zu gehen, lande ich in einer Zeit, die vor diesem Moment lag. Vor der Zerrissenheit und dem Gefühl der Ohnmacht. Und der zerbrochenen Liebe.

„Hast du mich aus einem bestimmten Grund ausgewählt?"

„Du warst gerade da und naiv genug, um mir zu glauben."

„Dann war es willkürlich? Es hätte jede treffen können?"

„Ich schätze schon."

Aber es traf mich.

Fabiola Delano

Warten auf Sommer

Der Schmerz macht mich betrunken. Meine Füße stolpern durch den Schnee, wirbeln steife Flocken auf. Als ich mit bebenden Fingern die Brüstung ertaste, verschmilzt das gefrorene Metall beinahe zärtlich mit meiner Haut.
Seitdem mein Körper die Schwelle überschritten hat, beherrscht mich das Versprechen der Stille: *Ich werde nicht von deiner Seite weichen.* Mehr und mehr wird die Kälte zu meiner Wahrheit – Sie erfüllt mich mit Stolz. Ich schwinge mich auf einen schmalen Thron. Ein Stück Geländer unter meinem Leben. Meine Beine winken dem leuchtenden Strom entgegen. Jaulender Protest, alle fahren weiter. Die Welt gehört mir.

Ich weiß, dass jener Sommer nie wieder kommen wird. Die warmen Nächte. Als du mich in deinen Armen durch das Kornfeld getragen hast. Als ich den Sommerregen von deinen Lippen getrunken und wir den Duft der Kornblumen geatmet haben.
Ich lege den Kopf in den Nacken. Vergangenheit ist meine Zukunft. Ein Lächeln, weit und selbstvergessen. Ich habe die Farben unserer Zweisamkeit mit meinen salzigen Tränen verdorben. Und alles wurde grau.
Ich habe verloren, was dazu bestimmt war, ein Teil von mir zu sein. Du darfst mir nicht vergeben. Meine Schuld ist ein dunkler Schatten, geboren aus der Asche meiner Seele. Nun endlich werde ich ihr folgen. Denn ich bin nicht stark genug, um zu ertragen, was ich dir angetan habe.

An jenem Abend haben wir dem Gewitterwind laut ins Gesicht gelacht. Die Sommerhitze ließ deine Augen leuchten, als ich dir mein Geheimnis ins Ohr geflüstert habe. Ich wollte das Paradies mit dir teilen. Und du hast nur gelächelt. Gelächelt und die Augen geschlossen, meine Lippen auf deine gepresst. Du hast mir vertraut.

Ich brauche meine Jacke nicht. Sie will mich schützen und heute ist alles, was mich schützen will mein Feind. Ich habe nur einen Wunsch:
Ich möchte still sein. Aufgeben. Stärker sein als jene Kraft, die kalte Luft in meinen Körper pumpt. Mich zwingt einzuatmen. Mich zwingt, auszuatmen. Tag für Tag. Ohne dich.
Ich möchte still sein. So wie du.

Zurückkehren in unseren Sommer. Auch wenn das bedeutet, dass mein Körper von ewiger Kälte umhüllt sein wird. Wärme hat seine Bedeutung schon lange verloren.

Ich spüre den verlockenden Windstoß, der mich über das Geländer tragen, mich auf meinen letzten Metern in deine Arme begleiten wird. *Sei nicht traurig,* flüstert der Wind. *Ich werde dich führen.*

Er verspricht, mich zu trösten und zu bewahren – vor der Angst, dem Schmerz. Ich zahle einen hohen Preis. Doch erhobenen Hauptes. Denn du bist es wert. *Ich schulde dir so viel mehr als das.*

Die Schwerkraft wird mich tragen. Ich bitte darum, mich ihr anvertrauen zu dürfen.

Bis warmes Blut meine Lungen füllt. Es wäre gelogen zu sagen: *Ich habe keine Angst.*

Noch viel schlimmer ist die Gewissheit:

Wäre ich nicht gewesen, dann wärst du noch hier. Auch wenn du immer behauptet hast, ein Leben ohne mich sei sinnlos. Mein Herz strebt bereits dem Fall entgegen. Will sich vergewissern. Die Sache zu Ende bringen.
Doch vorher möchte ich meine Finger noch einmal in deinem schwarzen Haar versenken. Den Mond begrüßen, der sich in deinen Augen spiegelt, wie in einem tiefen, blauen See. Deine Wärme spüren. Du hast mir dein Lächeln geschenkt. Mein Herz wagt kaum zu fragen: *Darf ich es behalten?*

Die Kälte schenkt mir Fassung. Du scheinst nur einen Wimpernschlag von mir entfernt, als die Sonne aufgeht. Fassungslos starre ich in das Licht, das mich mit seiner reinen Intensität durchdringen will. Die Luft ist so still. Sie glänzt in der Morgenröte, wie schmelzender Zuckerguss. Weiße Kristalle flirren in der Luft, verfangen sich in den aufgestellten Härchen meiner Arme. Ein kaltes Kribbeln dringt unter meine Haut und bahnt sich einen Weg, bis zum Nacken hinauf.

In meinem Kopf reißt eine Wolkendecke auf. Die Klarheit blendet mich. Ich öffne die Augen und blicke direkt in das gleißende Licht. Unter einem Platzregen aus Schmerz, Liebe, Wut, Trauer und purem Glück sinken meine Knie in den weichen Schnee. Ich kann mich nicht wehren.

Gegen das Knistern der kalten Luft.
Gegen die Wärme auf meiner Haut.

Es ist Winter.

Und es ist wunderschön …

Ann Groove

Woher weißt du, dass es Liebe ist?

Ein Freund hat mich einmal gefragt: »Woher weißt du eigentlich, dass es Liebe ist? Woran merke ich, ob ich verliebt bin und ob es sich lohnt, das Risiko einzugehen?« Auf eine solche Frage war ich gar nicht gefasst. Ich musste lange überlegen, bevor ich ihm eine Antwort geben konnte. Ich bin kein Mensch, der leichtfertig »Ich liebe dich« sagt. Ich meine es immer ernst. Allerdings habe ich bisher nie darüber nachgedacht, ob es tatsächlich Liebe ist. Denn wer kann das schon beschreiben, in Worte fassen und erklären? Vielleicht bilde ich mir das Gefühl nur wieder ein. Ich habe immerhin schon einmal geglaubt zu lieben und doch war die Beziehung nichts im Vergleich zu der jetzigen. Diese ist viel tiefer, intensiver. Aber ginge es noch besser, noch verliebter?

Nach einiger Zeit antwortete ich dem Freund: »Ich weiß es nicht.« Ich sagte: »Ich kann nicht sagen, ob es Liebe ist, aber ich weiß, dass ich jede freie Minute mit ihm verbringen will. Seit der ersten Begegnung möchte ich dauernd in seiner Nähe sein. Er ist mein bester Freund und ich kann ihm alles anvertrauen, selbst wenn es mir peinlich ist. Wir verstehen uns ganz ohne Worte. Ich kann vorausahnen, was er sagen will, bevor er es ausspricht. Er ist der einzige Mensch, dem ich stumm gegenüber sitzen und in die Augen sehen kann. Er weiß, wie er mich zum Lachen bringt und ist mein Held, mein Anker, wenn ich mich fürchte. Auch wenn er nicht immer nachvollziehen kann, was in meinem Kopf vor sich geht, hilft er mir und unterstützt mich in jeder Situation. Er gibt mir das Gefühl, gebraucht zu werden und fragt mich nach Rat. Bei ihm traue ich mich, ich selbst zu sein. Er zeigt mir jede seiner Seiten und kennt alle von meinen. Ganz gleich wie unausstehlich und widerlich sie sind, er bleibt bei mir. Auch nachdem der Alltag eingekehrt ist, die rosarote Brille abgelegt ist. Ja, wir streiten manchmal. Wir haben noch immer Dinge, die uns aneinander stören. Aber wir suchen Kompromisse, sodass jeder von uns zufrieden ist. Niemals gehen wir schlafen, wenn wir wütend aufeinander sind. Und jeden Abend, kurz bevor wir nebeneinander einschlafen, gebe ich ihm einen Kuss und sage ihm, dass ich ihn liebe. Obwohl wir uns schon lange kennen und viele Jahre miteinander verbracht haben, kann ich es noch immer nicht fassen oder erklären. Ich weiß nicht, ob das Liebe ist. Aber egal, was es ist, ich kann den Rest meines Lebens so verbringen und es fehlt mir an nichts.«

Renate Fuchs

Zweierpotenzen

In seinem Kopf soll Stille sein. In seinem Kopf soll Stille sein und das gleichmäßige Klackern von Zahlen. Die anderen Kinder sind laut. Sie rufen. Sie rennen. Sie essen Butterbrote und trinken Milch oder Kakao aus Glasflaschen mit Strohhalmen.
2, 4, 8, 16, 32, 64, 128, 256, 512, 1024, 2048... 2048 mag er besonders gerne. Aber Pausen mag er nicht. Kinder, die durcheinander rennen, mag er nicht. Den Unterricht mag er lieber, weil dann alle sitzen und etwas zu tun haben und Stille ist. Er öffnet seinen Schulranzen mit Dinosauriern und holt sein Pausenbrot und seine Trinkflasche heraus. Salamibrot und Gurkensandwich. Er mag Salami und er mag englisches Gurkensandwich und

seine Mutter weiß das. Seine Mutter weiß, was er mag, und seine Mutter hat ihn lieb. Er stellt sich England wie ein Land vor, in dem alle Taxis von der gleichen Autofirma sind. Er fährt gerne Taxi, aber keinen Renault. In Deutschland haben zwar alle Taxis die gleiche Farbe, Hellelfenbein RAL 1015, aber unterschiedliche Automarken und es kann passieren, dass Mama ein Taxi ruft und ein hellelfenbeinfarbener Renault sie abholt, und dann kann er nicht einsteigen und das weiß seine Mutter auch.

"He Basti, mach mal Platz da", schreit Jannik aus der vierten Klasse und tritt gegen Sebastians Ranzen, dass das Sachkundebuch herausrutscht.

"Sachkunde haben wir montags in der dritten Stunde und mittwochs in der ersten Stunde."

"Basti, du Spasti!", lacht Jannik und geht weiter.

"Ich heiße Sebastian", murmelt er. Aber Jannik, Jonas und Franz aus der vierten Klasse nennen ihn Basti. Das mag er nicht. Manchmal nennen ihn auch Felix und Ben aus der dritten Klasse Basti, aber dann sagt Frau Braune, sie sollen das lassen, weil er das nicht mag. Er mag Frau Braune, weil sie den anderen Kindern sagt, was er mag und was er nicht mag, und weil sie ihm manchmal Dinosaurier zum Ausmalen gibt, auch wenn sie gerade ein anderes Thema besprechen. Frau Braune sagt, es sei nicht schlimm, wenn er manchmal was anderes macht als die anderen Kinder. Seine Mutter sagt, jeder ist ein bisschen anders und wenn alle gleich wären, wäre das langweilig.

Sebastian findet, dass seine Mutter Recht hat. Philipp und Lukas aus der 2b sind gleich, weil sie eineiige Zwillinge sind. Er mag keine eineiigen Zwillinge. Nur Philipp und Lukas sind okay, weil Philipp eine kleine Narbe am linken Auge hat. Philipp und Lukas sind okay, aber nur solange er links von ihnen stehen oder sitzen kann. Und wenn alle Menschen gleich wären, bis auf eine Narbe links, müsste er immer ganz links stehen, auf der ganzen Erde und das geht nicht, weil die rund ist und irgendwann von vorne anfängt. Frau Braune hat gelacht, als er ihr das einmal erklärt hat und dann hat sie gesagt, seine Mutter hätte wirklich Recht, ohne ihn wäre die Welt auf jeden Fall ein gutes Stück langweiliger.

Jule kommt über den Schulhof auf ihn zu. Jule ist auch anders. Jule ist anders, weil irgendetwas mit Jules Anziehsachen und Haaren nicht richtig ist.

"Hallo Sebastian."

"Hallo Jule."

Jule setzt sich neben ihn, auf den Schulhof, an die Mauer zur Turnhalle, im Schneidersitz und sagt nichts weiter und er sagt auch nichts. Dann sagt er aber doch was, nämlich: "Sag 1.", und Jule fragt: "1?"

Und er erklärt: "Du sagst 1 und dann sage ich 2 und du sagst 3 und ich sage 4 und so weiter."

Und Jule sagt: "Ach so", und, "1."

"2"

"3"

"4"

"5"

"6"

"7"

"8"

"9"

"10"

Jetzt muss Jule eigentlich 11 sagen, aber Jule sagt nicht 11, sondern: "Meine Mama hat mir heute kein Schulbrot eingepackt." Er denkt sich schnell noch 11, weil 11 ein schönes Ende ist, und dann gibt er Jule die Salamihälfte seines Pausenbrots.
Jule lächelt. "Danke."
Wenn Jule lächelt, hat sie zwei Grübchen, auf jeder Wange eins. In die Grübchen könnten seine Zeigefinger genau reinpassen. Aber das ist eine dieser Sachen, die man nicht macht.
"Mein Papa zieht jetzt in eine eigene Wohnung, nach Köln", sagt Jule und die Grübchen sind wieder verschwunden.
"Und ich soll bei Mama bleiben und an den Wochenenden zu Papa."

"Hast du dann zwei Betten?"

"Was?", Jule zieht die Nase hoch.

"Seit mein Vater eine eigene Wohnung hat, kann ich bei meiner Mutter meine Stegosaurus-Bettwäsche haben und bei meinem Vater meine Triceratops-Bettwäsche und muss nicht mehr aussuchen."

Jule sagt nichts. Vielleicht mag sie weder den Stegosaurus, noch den Triceratops. Dann sieht er, wie es auf Jules Schuh tropft. Jule weint. Jule weint und er mag keine Tränen, weil bei Tränen die Augen so rot und weich werden wie Erdbeeren und er mag keine Erdbeeren. Auch seine Mutter weint manchmal, aber nur heimlich. Dann sieht er ihre Augen nicht, hört sie nur schluchzen, wenn er abends im Bett liegt, und dann kann er nicht einschlafen. Aber Jule schluchzt gar nicht, weint nur ganz leise und die Tränen rollen ihre Wangen hinunter wie Wasser auf dem Autofenster bei der Fahrt. Sebastian denkt, bei Jule ist weinen irgendwie anders. Bei Jule ist weinen wie Regen am Autofenster.

"Wenn du magst, kannst du jetzt die geraden Zahlen zählen."

Jule sagt nichts und er sagt auch nichts. Und dann regnen Jules Augen nicht mehr und sie sagt: "Sag 1!"

    Und er sagt: "1"

    Und sie sagt: "2"

Katharina Scheidemantel
Ode an einen Mitbewohner

Er zog am gleichen Tag ein wie ich, ein Leidensgenosse für neun Euro neunundneuzig und mein einziger Bekannter. Wir saßen zusammen in der Küche, ich mit einer Tasse halbwarmer Schokolade, weil ich nicht verstand, wie die Mikrowelle funktionierte, und er – er mit seinem starren, metallenen Gesicht. Schwermütig starrten wir einander an und warteten auf die anderen.

Ich hatte ihn zum Geburtstag bekommen. Zusammen mit einem Satz Teller und einem Besteck-Set und einem Badezimmerteppich. „Danke", hatte ich gesagt und es nicht gemeint, denn wer freut sich an seinem achtzehnten Geburtstag schon über einen Satz Teller, ein Besteck-Set und einen Badezimmerteppich? Nicht mal eingepackt war er, die Kiste war zu groß, und weil er im Sonderangebot gewesen war, konnte man den Preis noch deutlich erkennen, so groß war er mit Edding über die gesamte Vorderseite geschrieben worden.

Jetzt stand er hier und ich auch und wir wussten beide nichts mit der Welt anzufangen. In meinem Zimmer lag ein Stapel Bücher, die ich zu lesen hatte, bis Montag in einer Woche, aber gerade war ich zu erstarrt von dem Gefühl, allein hier zu sein.

Die meisten Leute in Büchern und Filmen sind deutlich zu euphorisch, wenn sie von zu Hause ausziehen.

Ein Schlüssel klickte in der Tür und Licht fiel in den Flur mit dem unebenen

Laminatboden. Ich warf meinem Mitbewohner einen letzten panischen Blick zu, doch er starrte nur unbewegt und eisern zurück.

Selbst schuld, schien er mit der Stimme eines alten, weisen und eingerosteten Mannes zu sagen. *Man muss schon sehr blöd sein, um freiwillig in ein Dreckloch zu ziehen, in dem man sich das Bad mit fünf Fremden teilt, die einem von einem gefühlslosen und wahrscheinlich sadistisch veranlagten Algorithmus als Mitbewohner zugeteilt wurden. Ich hätte dir schon vorher sagen können, dass du die Haare deines Vorgängers unter dem Bett finden würdest und es ganz dezent nach Kotze riechen würde.*

Danke, keifte ich in Gedanken zurück. Und dann hörte ich die Stimme meiner Mutter in meinem Kopf: *So ist das halt im*

Studentenwohnheim.

Im Flur war ein ganzer Haufen Schritte zu hören, ein Wirrwarr aus Stimmen und Koffern die gegen Wände prallten. Dann, urplötzlich, flog die Tür auf und eine Ansammlung von Menschen verschiedenen Alters fiel durch den Türrahmen in die Küche ein.

„Ähm. Hallo." Kreativste Begrüßung aller Zeiten, aber ich war ja nicht hier, um Literatur zu studieren.

Die Ansammlung von Menschen hielt inne, im Fall durch die Tür gestoppt von meiner unsicheren Stimme. Wie viel Macht selbst zitternd hervorgebrachte Worte noch hatten.

Ein Mann mit Glatze und Brille richtete sich zuerst auf.

„Mia, eine deine Mitbewohnerinnen!"
Er machte einen Schritt zur Seite, trat fast

auf das zerschlissene Sofa, das angestrengt versuchte, in sich zusammenzufallen, um nicht noch ein Semester ausufernder Studentenpartys auf sich erdulden zu müssen, und machte Platz für ein schmales, dunkelhaariges Mädchen, das eine riesige Kiste auf ihren Armen balancierte. Sie bugsierte die Kiste durch die Tür, stellte sie ungeschickt auf dem Tisch ab und streckte mir dann eine Hand entgegen.

Ich versuchte angestrengt, herauszufinden, wann genau ich mich in eine Statue verwandelt hatte.

Mias Blick schweifte von meinem Gesicht auf die Anrichte, wo mein Mitbewohner sie erwartete, ohne eine Miene zu verziehen.

„Ein Toastiemaker!", rief sie und ließ mich stehen. „Super Idee!"

Ich ließ Luft aus meinen Lungen, von der

ich nicht gewusst hatte, dass ich sie angehalten hatte. Verlegen fuhr ich mir durch die Haare.

„Hab ich zum Geburtstag bekommen", murmelte ich und sang innerlich ein Halleluja auf meine Eltern. Vielleicht konnte ich dem nächsten neuen Mitbewohner den Badezimmerteppich zeigen, um das Eis zu brechen?

„Echt super!" Mia wandte sich von der Anrichte ab und wieder mir zu. „Ich bin übrigens Mia!" Und diesmal schaffte ich es auch, meine Statuenhand dazu überreden, Mias Hand zu ergreifen und zu schütteln.

Mein Mitbewohner stellte sich als sehr sozialverträglich und smalltalkbegabt heraus. Er schaffte es ohne Probleme, mit jedem meiner neuen Nachbarn eine Konversation zu führen, die immer damit begann, dass irgendjemand sich außerordentlich über seine Anwesenheit freute und ihn dabei wahlweise Toastiemaker, Toastieeisen oder Sandwich-Maschine nannte. Er wurde zum Thema der ersten Küchentischgespräche und der ersten Küchentischstreite, wenn jemand vergessen hatte, den Käse abzukratzen. In der ersten Woche war er für uns alle da, wenn wir völlig panisch herein hasteten, weil wir fünf Minuten vor Vorlesungsbeginn festgestellt hatten, dass wir keine Ahnung hatten, wo wir hin mussten. Ohne zu murren machte er uns Essen, wann immer wir verschliefen und nach Frühstück lechzend mit einem Buch in der einen Hand und dem Handy zum Abschicken von „Komme 5min später"-Nachrichten an unsere ersten Bekannten in der anderen Hand in die Küche stürmten. Noch waren es Bekannte. Als die ersten Abgaben kamen, wurden manche Bekannte zu Freunden befördert und andere vergessen. So ist das wohl. Es war ihm egal, ob wir Frühstück wollten, Mittagessen, Abendessen, einen Mitternachtssnack oder irgendwas dazwischen. Meistens war es irgendwas dazwischen. Egal zu welcher Zeit, er machte uns geduldig Essen, versorgte uns mit allem, was wir brauchten, um dreistündige Vorlesungen zu überstehen, Seminare mit cholerischen Dozenten oder Dozenten mit enger evolutionsbiologischer Verwandtschaft zur Gattung der Schlaftabletten, lange Partys, die uns irgendwann gegen vier Uhr morgens gestrandet in der Innenstadt ausspuckten, weil niemand sich drei Stunden früher eingestehen wollte, dass die Party eigentlich langweilig war, die ersten Hausarbeiten, in denen wir zwischendurch mit einer Hand am langweiligsten Buch des Universums und mit der anderen Hand an der eisernen Haut unseres treuen Mitbewohners in der Küche saßen und uns alle gegenseitig unser Beileid bekundeten. Er bereitete uns ganze Stapel an Essen vor, die wir während wenig pfadfinderhaften Campingaktionen in der Bib verspeisten oder den Tag im Warteraum auf irgendeinem örtlichen Amt oder dem Studiensekretariat verbrachten, um Formulare abzugeben, herauszufinden, dass wir sie falsch ausgefüllt hatten, und sie dann noch mal auszufüllen. Ohne zu murren machte auch die doppelte Menge, als wir unsere ersten Schwärmereien aus dem Seminar oder nachts aus dem Club mitbrachten, und schwieg wissend, aber ohne Vorwürfe, als wir letztendlich doch alle Toasts alleine essen mussten, um eine Erfahrung reicher. Wir klammerten uns an seine gusseiserne Henkel wie an einen Rettungsring, während wir die ersten und letzten Anflüge von Heimweh durchstanden und die ersten Noten zurückbekamen, und ließen ihn links liegen, um beim örtlichen Burgerrestaurant auf die späteren Noten, das eingetütete Auslandssemester und den Vertrag für die Wohnung im nächsten Jahr anzustoßen.

Aber wie das so ist mit dem Typ von Person, der sich auf die Kunst des Smalltalks versteht und alle zusammenbringt – wenn alle zusammengefunden haben, vergisst man ihn leicht.

Nach zwei Wochen kauften wir Töpfe und Pfannen und eine Jahresportion Nudeln und Tomatensoße. Nach zwei Monaten kauften wir ein Kochbuch: *101 einfache Rezepte für Studenten.* Nach drei Monaten kauften wir ein weiteres Kochbuch: *Kochkunst zu Weihnachten.* Am letzten Abend vor den Weihnachtsferien schoben wir Pasteten in den Ofen, machten Salat und spielten Schrottwichteln. Morgens spülten wir das Geschirr und quetschten die Salatschüssel zurück in den Schrank. Als wir abreisten, hinterließen wir unserem Mitbewohner als Weihnachtsgeschenk eine Käsekruste auf seiner eisernen Haut. Nach Weihnachten kamen die ersten Prüfungen. Wir waren gezwungen, die Käsekruste abzukratzen, wir hatten keine

Zeit für die Töpfe und Pfannen und Kochbücher. Unser Mitbewohner wurde Zeuge einiger Heulkrämpfe und Zuhörer einer ganzen Debattenserie mit dem Thema *Warum studiere ich eigentlich, was ich studiere? Was ist der Sinn des Lebens?* Er tröstete jeden von uns, ohne die Miene zu verziehen, wie eine fürsorgliche Mutter machte er uns Brote. *Hier, Kind, iss' erstmal was, danach sieht die Welt schon ganz anders aus.*
Als wir die Noten zurückbekamen, gingen wir zum Italiener. Nur Fred verdaute seine Matheprüfung mit unserem Mitbewohner und einer Flasche Jägermeister und fragte beide um halb drei nachts nach einer Lernstrategie fürs nächste Mal.
Unser Mitbewohner konnte ihm nicht weiterhelfen, er studierte keine Ingenieurswissenschaft, aber er

versprach, ihm Brote für die nächste Lernphase zu machen und Fred bedankte sich überschwänglich bei ihm, bevor er neben ihm auf dem Küchenboden einschlief.

Unser Mitbewohner hielt sein Versprechen nicht. Er kam nicht dazu.

Anfang Juni, mitten im Semester, begann er plötzlich zu rauchen, während er unser Essen zubereitete und wir ihn im Angesicht des gemeinsamen Genusses von Trash-TV gekonnt ignorierten. Erst, als er mit beißendem Geruch um Hilfe rief, bemerkten wir sein Leid.

Fred sprang fluchend auf, doch er kam zu spät. Das Toastie war verkohlt, irgendwas musste durchgebrannt sein. Keiner von uns studierte Elektrotechnik, und Fred, der Ingenieur, redete sich damit heraus, dass er später Autos bauen wolle und keine

Toastieeisen und dass er ja sowieso durch die Matheprüfung gefallen sei.

Wir trauerten. Wickelten unseren Mitbewohner in schwarze Plastikbahnen und begruben ihn auf einem Friedhof für seine Spezies am Stadtrand. Er hatte ein farbenfrohes Grab, einen orangen Container.

Zu Hause holten wir die Pfannen und Töpfe und die Salatschüssel und das Kochbuch und kochten Penne alla Arrabiata.

Mia schlägt vor, ein neues Toastieeisen zu kaufen, aber Fred schüttelt den Kopf.

„Noch nicht", sagt er. „Vielleicht in ein paar Wochen."

Die zweite Prüfungsphase überwinden wir mit Hilfe von Fertignudeln.

Als wir vor der Bib auf dem Rasen sitzen und Kirschen essen, kommt eine quirlige

Rothaarige auf uns zu.

„Erstis?", fragt sie.

„Zweitis!", sage ich.

Sie lächelt. „Umso besser. Ich bin vom Campusmagazin. Ihr habt jetzt euer erstes Jahr hinter euch – was war eure Glücksformel dafür?"

Fred schnaubt. „Jedenfalls nichts aus der höheren Mathematik."

Wir lachen alle, dann wende ich mich wieder an die Rothaarige vom Campusmagazin.

„Käse, Schinken und Toastbrot", sage ich.

Misa Ahrend
Das blühende Leben

Samstagnachmittag, der Park ist voll, das Gras grün.
Die Sonne scheint.
In meine Augen.
Auf mich.
Für mich.
Fast ist er kitschig, dieser Moment. Wie rausgeschnitten aus einem Gute-Laune-Werbespot, in dem ich einfach reinmontiert wurde.
Ich, der Star von 33 Sekunden Werbung.
Ich, der Mittelpunkt der Erde.
Die Welt liegt ausgebreitet vor meinen in Flip-Flops steckenden Füßen. Und ich werde sie erobern.
Warum auch nicht?
Ich: 16 Jahre jung, gutaussehend, bin

gebildet, schlau, hab den letzten Schultag vor den Sommerferien gerade hinter und noch alles andere vor mir.
Das Abi.
Das Studium.
Mein ganzes Leben.
Das ist doch, was ältere Menschen gerne mal sagen, wenn sie jemandem wie mir begegnen.
Oder?
„Sooo jung, du hast ja dein ganzes Leben noch vor dir!"
Meistens finde ich die Aussage komisch.
Unangebracht. Oft sogar anschuldigend.
Oder beleidigend.
Als könnte ich was für mein Alter. Als wäre es ein Verbrechen, jung zu sein.
Voller Energie zu sein.
Voller Leben zu sein.
Heute, jetzt und hier ist mir das aber egal.

Denn: Es stimmt.
Die Zeit spielt weder gegen mich.
Noch bin ich ihr voraus.
Sie ist einfach auf meiner Seite.
Wir laufen nebeneinander her, Hand in Hand. Einer funkelnden, wohl durchdachten Zukunft entgegen.
Meiner Zukunft.
Mein Leben.
Meine Welt.
Nichts kann da schiefgehen, denke ich, drehe mich im Gras um, schlafe ein.

Und wache auf.

Samstagnachmittag, der Park ist leer, das Gras grün.
Die Sonne scheint.
Nicht mehr.
Fast ist er gewollt, dieser Moment. Wie

rausgeschnitten aus einer Doku über die Unberechenbarkeit der Natur.

Des Lebens?

Ich, der begossene Pudel nach 33 Sekunden Regenschauer.

Ich, ein Gast dieser Erde.

Die Welt liegt matschig vor meinen in Flip-Flops steckenden Füßen. Und lässt mich in ihr versinken.

Ich: 16 Jahre jung, gutaussehend, bin gebildet und schlau, hab die Wunschvorstellung eines sonnigen Samstagnachmittags gerade hinter und noch vieles vor mir.

Den Nachhauseweg.

Den Regen.

Das ganze Leben.

Was kann da schiefgehen, frage ich mich, stehe auf, greife nach der Hand der Zeit.

Und frage mich, ob sie mir am Ende wirklich bleibt.

Das „Tausend Lichter" - Team

Ich heiße **Julia Fraczek**, bin 2001 in Frankfurt am Main geboren und habe mir schon immer (meist ziemlich verrückte) Geschichten ausgedacht. Heute rezensiere ich Bücher auf meinem Blog (www.booksdream.de/Blog). Außerdem spiele ich liebend gerne mit meinem Meerschweinchen. In meiner Freizeit reise ich und schieße Fotos.

• Mein ganzer Name, wie er im Ausweis steht, ist **Miriam Ruth Anna Marie D'Oro** .
• Ich finde Polly Pocket, Keepers und My Melody immer noch mega cool, weil ich ein echtes Nineties - Kind bin.
• Mein Verlobungsring besteht aus einer Reihe vergoldeter Smileys, weil das mein

Zeichen der Liebe ist.

• Wenn ich traurig bin, dann male ich am allerliebsten Bilder mit dem Weltall drin und Fantasie-Stern-Mustern.

Mein Name ist **Johanna Furch** und ich schreibe und veröffentliche unter dem Pseudonym Ann Groove. Ich wurde 1994 in einer Kleinstadt in Oberbayern geboren und teile dort ein Arbeitszimmer mit fünf mitteilungsbedürftigen Meerschweinchen. Wenn ich nicht gerade in eigenen Welten unterwegs bin oder mit Figuren mitfiebere oder -leide, studiere ich Literarisches Schreiben und Kulturjournalismus an der Akademie Faber-Castell.

Mein Name ist **Carina Raedlein**. Geboren bin ich in der wunderschönen, rheinlandpfälzischen Landeshauptstadt Mainz. Vor ein paar Jahren habe ich einen

Fernkurs zum Thema Kinder – und Jugendbuchautor absolviert. Eigene Geschichten und Texte schreibe ich eigentlich schon immer. Wenn ich mal nicht in meine eigenen Welten abtauche, lese ich gerne, mache Musik und verbringe Zeit mit meiner Familie.

Hallo, ich bin **Jehanne Worch**, Schülerin, schreibsüchtig und dezent verrückt. Seit ich denken kann, habe ich mir Geschichten ausgedacht, sie erzählt und später aufgeschrieben. Jetzt bin ich 18 Jahre alt und werde sehen, wohin mein Weg mich führt. Mit den allerbesten Grüßen an alle lesebegeisterten Menschen auf dieser Welt,
Jehanne

Lisanne Windeln:
Studium der Anglistik und Geschichte, jetzt Tätigkeit als Übersetzerin, begeistertes Mitglied der Oetinger34-Plattform und überzeugte Bewohnerin des Rhein-Main-Gebietes ;-).

Renate Fuchs:
Ich spiele gerne mit Geschichten, Ideen und Sprache - sowohl der deutschen, als auch der englischen.
In Chichester (England) habe ich Creative Writing and Literature studiert und danach zwei Auslandsjahre
in Tschechien, den USA und Mexiko verbracht. In meinen Kurzgeschichten lasse ich gerne die leisen Zwischentöne in menschlichen Beziehungen erklingen.

Mein Name ist **Fabiola Delano** und mich faszinieren abenteuerliche Fantasiewelten. Egal ob beim Lesen oder Schreiben: Ich mag es spannend und romantisch, gerne auch etwas nachdenklich. Im Februar 2016 erschien mein Fantasydebüt "Dark Blue - Das Leuchten der Tiefe" in der Edition von Oetinger34. Ich habe Kunsttherapie studiert, lebe in einem gemütlichen Stadtteil von Stuttgart, und widme mich momentan ganz dem Schreiben.

Hey, mein Name ist **Fanny** (nein, das ist nicht lustig). Ich wurde 1999 in Köln geboren und lebe seit meinem fünften Lebensjahr in Unterfranken, wo ich derzeit ein Leben als Schülerin friste. Ich lese leidenschaftlich gern und habe mich schon in der Grundschule selbst am

Schreiben versucht. Über die Jahre haben sich in meiner Schreibtischschublade diverse Geschichten angesammelt, die ich je nach Belieben bearbeite und weiterverwendet. Meine rechte Hand ist nahezu untrennbar mit meinem Lieblingskugelschreiber verbunden, ansonsten liebe ich es, Ferien zu haben oder mit meiner Katze auf dem Sofa zu liegen.

Christin Mai:
Am 20.11.1989 geboren, wohnhaft in Wanderup, einem kleinen Ort in der Nähe von Flensburg, wo ich meine Ausbildung zur Buchhändlerin absolviere. Ich brauche immer kreativen Input, sei es durch basteln, lesen oder schreiben. Dabei sind schon die verrücktesten Sachen

entstanden! Ein kleiner Traum von mir ist es, endlich ein Buch zu Ende zu schreiben und irgendwann in Händen zu halten.

Mein Name ist **Katharina**, ich bin inzwischen gruselige zwanzig Jahre alt und ungefähr so lange denke ich mir auch schon Geschichten aus. Meine Bücher sind also zusagen mit mir aufgewachsen und ich habe von Pferdebücher über mittelmäßige Fantasy bis hin zu todernsten Romanen jede Schreibphase durchgemacht. Um den Ernst des Lebens nicht ganz zu vernachlässigen, studiere ich in Stuttgart Medienwirtschaft, gerade bin ich aber im Auslandssemester an der Oxford Brookes University und habe das Privileg, in Oxford leben und schreiben zu dürfen – mit dem Nachteil, dass ich hier eigentlich nie wieder weg will!

Hinter **Misa Ahrend** stecken wir: Miriam und Saskia Ahrend, Zwillinge und Autorenduo aus Nordrhein-Westfalen. Mit 19 Jahren haben wir alle Stricke hinter uns reißen lassen, um uns voll und ganz aufs Schreiben zu konzentrieren und unsere Leidenschaft zum Beruf zu machen. – Mit wachsendem Erfolg: Im September 2016 erscheint mit „Zuletzt online" unsere multimediale, 12-teilige E-Book-Reihe im Oetinger34-Verlag.

Danksagung

Weil ich mir die Danksagungen in Büchern immer sehr gerne durchlese, darf in diesem hier auch keine fehlen.

Ich danke meiner Familie und all meinen Freundinnen, dass sie immer für mich da sind.

Ich möchte mich auch ganz herzlich bei meinen „Mitautorinnen" für ihr großes Engagement und ihre Unterstützung bedanken. Eure Texte sind außergewöhnlich – genauso wie ihr!
Danke an Dich, „RBT-Miri". Deine Illustrationen verleihen dem Buch einen wunderbar bunten Stil und sprühen nur so vor Fantasie und Kreativität.
Ohne eure Hilfe würde das Buch niemals

so einzigartig werden. Ich hätte mir keine besseren Team-Mitglieder für dieses Projekt vorstellen können!

Spezieller Dank geht an die Person, die das Manuskript zuallererst gelesen (und kritisiert) hat: Barbara Braun!

Ein großes Dankeschön an euch, dass ihr dieses Buch in den Händen hält. Ich hoffe, dass ihr genauso viel Spaß beim Lesen habt wie ich beim Schreiben.

Impressum

Cover © Miri D'Oro

Alle Texte in diesem Buch sind © Julia Fraczek, außer

„Warten auf Sommer" © Fabiola Delano

„Woher weißt du, dass es Liebe ist?" © Johanna Furch

„Gedanken" © Jehanne Worch

„Eine Mädchenfreundschaft" © Lisanne Windeln

„Das blühende Leben" © Misa Ahrend

„Zweierpotenzen" © Renate Fuchs

„Hinten: Früher Vorne: Jetzt" © Fanny Schmidt

„Was soll aus dir werden?" © Carina Raedlein

„Ode an einen Mitbewohner" © Anna Katharina Scheidemantel

„Im freien Fall" © Christin Mai